Lesen macht Laune!

Lesen macht Laune!

Inhalt

Ritter Rudis Frühstück

Ritter Rudi will mit seinem Pferd Arthur in die Stadt zum Frühstück.

„Guten Morgen, Arthur“, ruft er. Aber niemand antwortet.

Arthur ist weg! Der Stall ist leer.
Rudi kratzt sich an seinem
Ritterhelm und überlegt: „Wo
kann Arthur nur sein?“

Rudi sucht überall. „Irgendwo muss Arthur doch stecken“, denkt er.

Rudi blickt ins Tal. In der Ferne bewegt sich ein schwarzer Punkt auf die Burg zu.

„Das ist ja Arthur!“, ruft Rudi erstaunt aus.

„Wo kommst du denn her?“,
fragt Rudi erstaunt.
Arthur gibt ihm eine braune Tüte.

„Vom Brötchenholen“, meint
Arthur stolz. „Freust du dich?“

„Und wie!“, ruft Rudi. Er belohnt Arthur mit einem riesigen Berg Möhren. Die sind nämlich Arthurs Lieblingsfrühstück.

Der Drache Feuerzahn

Der Drache Feuerzahn hat Prinzessin Emily entführt. Rudi soll sie finden und befreien. „Auf in die Berge!“, ruft Rudi. Denn dort haust der Drache.

Rudi hat die Höhle gefunden, in der Feuerzahn wohnt. Arthur bekommt Angst. „Ich glaube, ich gehe lieber nach Hause“, sagt er und läuft davon.

Da schaut plötzlich der Drache aus der Höhle heraus. „Wo ist Prinzessin Emily?“, ruft Rudi mit gezogenem Schwert.

„Ich habe die Prinzessin wieder freigelassen“, sagt Feuerzahn. „Sie war immer schlecht gelaunt und wollte nur bedient werden.“

„Das darf doch wohl nicht wahr sein!“ Rudi muss laut lachen.

Da fängt Feuerzahn an zu weinen. „Jetzt bin ich wieder ganz allein.“

„Komm doch einfach mit auf meine Burg“, schlägt Rudi vor. „Au ja!“, freut sich Feuerzahn. Rudi steigt auf seinen Rücken und sie fliegen nach Hause auf Rudis Burg.

Ritter Rudi und Prinzessin Emily

Feuerzahn und Rudi suchen nach Prinzessin Emily. „Vielleicht hat sie sich im Wald verlaufen“, vermutet Feuerzahn.
„Da fliegen wir hin“, sagt Rudi.

Angestrengt hält Rudi Ausschau nach Prinzessin Emily.

„Da, ich sehe etwas!“, ruft Rudi aufgeregt.

Es ist ein Stück Stoff von Emilys Kleid. „Hier muss sie irgendwo sein“, meint Rudi und kämpft sich vorwärts.

Plötzlich steht Rudi vor Prinzessin Emily. Sie pflückt Blumen.

„Wer bist du denn?“, fragt die Prinzessin. „Dein Rett-et-er“, stammelt Rudi und wird rot.

Da kommt Feuerzahn, der ein paar Bäume umgetreten hat.

„Du schon wieder“, sagt Prinzessin Emily genervt. Feuerzahn sieht sie streng an.

Dann steigen Rudi und Prinzessin Emily auf Feuerzahns Rücken und fliegen zum Schloss des Königs. Rudi seufzt. Er schwebt im siebten Himmel. Er ist ja so verliebt in Prinzessin Emily.

Das Ritterturnier

Rudi ist total aufgeregt. Heute ist das große Ritterturnier des Königs.

Auch Prinzessin Emily ist da. „Viel Glück, Rudi!“, ruft sie.

Endlich geht es los! Rudi hat gleich einen schweren Gegner. Den schwarzen Ritter. Den hat bisher noch niemand besiegt.

„Jetzt müssen wir all unseren Mut zusammennehmen“, flüstert Rudi Arthur zu. „Das schaffen wir schon“, wiehert Arthur leise zurück. „Du hast ja mich.“

Rudi schlottern die Knie.
Gleich geht es los.

Rudi und der schwarze Ritter
reiten aufeinander zu.
„Attacke!“, schreit Rudi.

Zack! Rudis Lanze trifft genau ins Ziel. Der schwarze Ritter fliegt durch die Luft und landet dann unsanft auf dem Boden.

„Hurra, wir haben den schwarzen Ritter besiegt!“, ruft Rudi glücklich. Er schaut zu Prinzessin Emily hin. Sie ist aufgestanden und wirft ihm eine rote Rose zu.

Alle feiern Rudi, den tapferen Ritter.

„Gratuliere, Rudi“, sagt König Baldur. „Hiermit überreiche ich dir den goldenen Pokal.“

Heute ist Rudi der glücklichste
Ritter weit und breit.
Nach dem Turnier bekommt er
von Prinzessin Emily einen
dicken Kuss.

1. Lesestufe Leselotse Test

Lies die Sätze mit den Bildern.
Du darfst dich für jeden Satz,
den du richtig gelesen hast, mit
einem Aufkleber belohnen.

Ritter Rudi reitet mit seinem
 nach Hause.

Zuhause in der 
wartet Feuerzahn auf sie.

Er hat ein  gemacht.

Rudi und Arthur setzen

sich an den  .

Es gibt ein köstliches Essen:

 und  .

Dann ruhen sich die drei

vor dem  aus.

Lösungen: Pferd, Burg, Feuer, Tisch, Pizza und Salat, Ofen

Leselotse Reihe

Das komplette Leselotse Programm:

1. Lesestufe für erstes Lesen ab der 1. Klasse

ISBN 3-86606-292-3

ISBN 3-86606-294-X

ISBN 3-86606-293-1

ISBN 3-86606-295-8

2. Lesestufe für geübtes Lesen ab der 2. Klasse

ISBN 3-86606-299-0

ISBN 3-86606-297-4

ISBN 3-86606-296-6

ISBN 3-86606-298-2

3. Lesestufe für fortgeschrittenes Lesen ab der 3. Klasse

ISBN 3-86606-301-6

ISBN 3-86606-300-8

ISBN 3-86606-303-2

ISBN 3-86606-302-4

Lesen macht Laune!